Friedel Schardt & Ulrike Stolz



# Pro/Contra
# Die Erörterung

8 Unterrichtseinheiten mit fix & fertigen Stundenbildern!

Kopiervorlagen, mit Lösungen

Lernen mit Erfolg
KOHL VERLAG
Der Verlag mit dem Baum
www.kohlverlag.de

## - Pro/Contra – Die Erörterung -

**aus der Reihe „Praxis Deutsch SEK“**

1. Auflage 2011



Inhalt: Friedel Schardt & Ulrike Stolz
Grafik & Satz: Kohl-Verlag
Druck: Medienzentrum Süd, Köln

**Bestell-Nr. 10 902**

**ISBN: 978-3-86632-902-7**

# Inhalt


**Seite**

**Pro/Contra – die Erörterung** 4 - 8
- *„Gute Argumente erleichtern Entscheidungen!“*
- *Verschiedene Formen der Erörterung*
- *Das spricht dafür – das spricht dagegen: kontrovers erörtern*
- *Der Aufbau einer kontroversen (dialektischen) Erörterung*

**Mögliche Ablaufplanung für „Die Erörterung“** 9 - 10

**1 Von der Behauptung zum Argument** 11 - 12

**2 Wiederholung der linearen (steigernden) Erörterung** 13 - 14

**3 Den eigenen Standpunkt finden – Pro- & Contra-Argumente** 15 - 21
- *Schuluniform – eine Möglichkeit für unsere Schule?*

**4 Verbindungen und Überleitungen – Argumente sinnvoll aneinanderreihen** 22 - 26

**5 Aufbau einer kontroversen (dialektischen) Erörterung** 27 - 29
- *Einen Schluss formulieren*
- *PC – Fluch oder Segen?*
- *Musik hören beim Erstellen von Hausaufgaben – was spricht dafür, was dagegen?*

**6 Aufbau einer kontroversen (dialektischen) Erörterung – Der Ablauf** 30 - 35
- *Der Ablauf einer kontroversen (dialektischen) Erörterung*

**7 Die textgebundene Erörterung** 36 - 42
- *Sport ist im Verein am schönsten*
- *Protokollbogen zur Erörterung „Sport im Verein ist am schönsten“*
- *Malteser – das ist unser Profil!*
- *Deutsches Jugendrotkreuz – das ist unser Profil!*

**8 Bewertungsbogen** 43

**9 Die Lösungen** 44 - 48



Pro/Contra – Die Erörterung
Praxis Deutsch Sekundarstufe - Bestell-Nr. 10 902
KOHL VERLAG Der Verlag mit dem Baum
www.kohlverlag.de

# Pro/Contra – die Erörterung

Informationen für den Lehrer

## „Gute Argumente erleichtern Entscheidungen!“

Aussagekräftige und starke Argumente sind die Voraussetzung für jede Erörterung. Zu einem Thema Stellung zu beziehen, das geteilte Meinungen hervorruft, ist nicht einfach. Den eigenen Standpunkt nicht nur zu behaupten, sondern diesen auch mit handfesten Argumenten begründen zu können, ist wichtig. Jedes Beispiel, das eine Begründung noch untermauert, erhöht den Gehalt eines Argumentes.

Aber eine kontroverse (dialektische) Erörterung darf nicht einseitig erfolgen. Erst wenn das Thema von allen Seiten beleuchtet wurde, kann der eigene Standpunkt selbstsicher behauptet werden. Man hat schließlich alle Meinungen gesichtet. Frei nach dem Motto „Jede Münze hat zwei Seiten“.

Warum man selbst für oder gegen etwas ist, rundet die kontroverse (dialektische) Erörterung ab. Es wird zum eigenen Standpunkt Stellung genommen. Voraussetzung für die kontroverse (dialektische) Erörterung ist das „Argumentieren können“, das oft schon durch die lineare (steigernde) Erörterung eingeübt wurde. Dazu gehört es, eigene Behauptungen begründen zu können und mit einem Beispiel zu belegen. Mehrere dieser Behauptungen mit Begründungen und Beispielen werden schlagkräftige Argumente. Diese Argumente mit guten Formulierungen zu verknüpfen, dies ergibt das Gerüst für die lineare (steigernde) Erörterung.

Die Graphik auf der nächsten Seite zeigt die Unterschiede zwischen der linearen (steigernden) und kontroversen (dialektischen) Erörterung.

KOHL VERLAG Der Verlag mit dem Baum www.kohlverlag.de
Pro/Contra – Die Erörterung
Praxis Deutsch Sekundarstufe - Bestell-Nr. 10 902

## Verschiedene Formen der Erörterung

| **lineare (steigernde) Erörterung** | | **kontroverse (dialektische) Erörterung** |
|---|---|---|
| Das Thema ist oft als Frage formuliert. | Aufgabenstellung | • ... Erörtere die Vor- und Nachteile.<br>oder<br>• Nimm Stellung zu folgender Aussage: „...“ |
| 1. Warum ist gesunde Ernährung wichtig?<br>2. Was macht ein gutes Vorbild aus?<br>3. Verhütung ist wichtig – warum? | Mögliche Themen | 1. Der Computer – Fluch und Segen zugleich<br>2. Bereits 8-Jährige sollten ein Handy besitzen.<br>3. Motorroller – tolles Fortbewegungsmittel oder gefährliches Mordinstrument? |
| • Nur der genannte Standpunkt ist wichtig. Dieser muss mit Argumenten belegt und gestützt werden.<br>• Die eigene Meinung dazu darf im Schluss enthalten sein. | Inhalt & Aufbau | • Das Thema hat zwei gegensätzliche Standpunkte. Jeder Standpunkt muss mit Argumenten belegt werden. Die Pro- und Contraargumente können so genannt werden, dass sie den eigenen Standpunkt am Schluss untermauern. |

KOHL VERLAG Der Verlag mit dem Baum www.kohlverlag.de
Pro/Contra – Die Erörterung
Praxis Deutsch Sekundarstufe - Bestell-Nr. 10 902

## Das spricht dafür – das spricht dagegen: kontrovers erörtern

Zur Didaktik:

Erörterungen werden in der Schule und im Alltag immer wieder notwendig sein. Allerdings wird nur selten die schriftliche Erörterung benötigt. Erörtern und Begründen sind in vielen Situationen unumgängliche Sprech- bzw. Schreibhaltungen, von denen Erfolg und Misserfolg abhängen.

Das allein macht deutlich, warum dieses Thema behandelt werden muss und die Wichtigkeit dieses Themas den Schülern vermittelt werden sollte. Denkt man dabei nur daran, wie wichtig es im späteren Berufsleben ist, dass man seinen Standpunkt begründen und mit Beispielen belegen kann, so wird dies damit sehr schnell klar. Gegenargumente sind wichtig und sollten angehört und respektiert werden. Aber genauso wichtig ist es, die eigene durchdachte Überzeugung zu vertreten und mit Argumenten stützen zu können. Das muss den Schülern zunächst einmal einsichtig gemacht werden. Man sollte versuchen, sie so weit zu bringen, sich ernsthaft mit Übungsformen zur Erörterung auseinanderzusetzen. Für uns im Unterricht bedeutet das:

**a)** Wir müssen immer wieder auf bestimmte Situationen zurückgreifen, die ein Erörtern und Begründen notwendig machen.

**b)** Wir müssen Probleme isolieren und müssen isoliert üben.

**c)** Diese Probleme müssen dann wieder der ganzen Situation zugeordnet werden.

Hier sind solche Situationen, die ein schriftliches Begründen im Alltag erfordern können:

1. Eingriffe in öffentliche Diskussionen
   - Leserbrief, der begründet;
   - Leserbrief, der sich mit Positionen auseinandersetzt;
   - Flugblatt, das Thesen argumentativ vertritt;
   - Öffentliche Stellungnahme und Begründungen
2. Vertreten der eigenen Interessen in der Öffentlichkeit oder gegenüber staatlichen Stellen
   - Widerspruch, der eine Begründung enthalten muss
   - Eingabe, die eine Situation darlegt und eine Forderung begründet
3. Schreiben aus dem persönlichen Bereich
   - Persönlicher Brief, der Gründe einer möglichen Entscheidung darlegt;
   - Persönlicher Brief, der eine Bitte äußert und sie begründet

Diese Beispielsituationen zeigen „Wer seine Meinung begründen, belegen und erörtern kann, hat im Alltag Vorteile!“

Die folgende Grafik zeigt, welche zwei Arten einer kontroversen (dialektischen) Erörterung es gibt.

KOHL VERLAG Der Verlag mit dem Baum www.kohlverlag.de
Pro/Contra – Die Erörterung
Praxis Deutsch Sekundarstufe - Bestell-Nr. 10 902

# Pro/Contra – die Erörterung

**Informationen für den Lehrer**

<u>Der Aufbau einer kontroversen (dialektischen) Erörterung</u>

**ein Thema**

**Möglichkeit 1*** | **Möglichkeit 2**

**1 a** oder **1 b**

| 1 a | 1 b | Möglichkeit 2 |
|---|---|---|
| Einleitung | Einleitung | Einleitung |
| Hauptteil | Hauptteil | Hauptteil |
| **<u>Contra</u>**-Argumente<br><br>1. Wichtigstes ...<br>2. Wichtiges ...<br>3. Unwichtiges ... | **<u>Pro</u>**-Argumente<br><br>1. Wichtigstes ...<br>2. Wichtiges ...<br>3. Unwichtiges ... | 1. <u>Teilbereich des Themas</u><br>- Pro-Argumente<br>- Contra-Argumente (Fazit daraus)<br><br>2. <u>Teilbereich des Themas</u><br>- Pro-Argumente<br>- Contra-Argumente (Fazit daraus) |
| **<u>Pro</u>**-Argumente<br><br>1. Wichtigstes ...<br>2. Wichtiges ...<br>3. Unwichtiges ... | **<u>Contra</u>**-Argumente<br><br>1. Wichtigstes ...<br>2. Wichtiges ...<br>3. Unwichtiges ... | 3. <u>Teilbereich des Themas</u><br>- Pro-Argumente<br>- Contra-Argumente (Fazit daraus)<br><br>4. <u>Teilbereich des Themas</u><br>- Pro-Argumente<br>- Contra-Argumente (Fazit daraus) |
| Stellungnahme für **<u>Pro</u>**-Argumente | Stellungnahme für **<u>Contra</u>**-Argumente | Stellungnahme für eine Seite! |
| Schluss | Schluss | Schluss |

**Die meistverfasste Erörterung wird wie in Möglichkeit 1 a/b aufgebaut.*

Pro/Contra – Die Erörterung
Praxis Deutsch Sekundarstufe - Bestell-Nr. 10 902
KOHL VERLAG Der Verlag mit dem Baum
www.kohlverlag.de

# Pro/Contra – die Erörterung

**Informationen für den Lehrer**

## Der Aufbau einer kontroversen (dialektischen) Erörterung

am Themenbeispiel „Kampfsportarten“

**Kampfsportarten**

**Möglichkeit 1** → **1 a** oder **1 b**

**Möglichkeit 2**

| 1 a | 1 b | Möglichkeit 2 |
|---|---|---|
| Einleitung | Einleitung | Einleitung |
| Hauptteil | Hauptteil | Hauptteil |
| **Contra**-Argumente<br>1. Wichtigstes ... *fördert Aggression*<br>2. Wichtiges ... *Verletzungsgefahr*<br>3. Unwichtiges ... *verlorene Zeit* | **Pro**-Argumente<br>1. Wichtigstes ... *Selbstverteidigung*<br>2. Wichtiges ... *Fitnesstraining*<br>3. Unwichtiges ... *Freizeitgestaltung* | 1. Teilbereich des Themas (Personal)<br>- Pro-Argumente *Selbstverteidigung*<br>- Contra-Argumente *fördert Aggression*<br>Fazit |
| **Pro**-Argumente<br>1. Unwichtiges ... *Freizeitgestaltung*<br>2. Wichtiges ... *Fitnesstraining*<br>3. Wichtigstes ... *Selbstverteidigung* | **Contra**-Argumente<br>1. Unwichtiges ... *verlorene Zeit*<br>2. Wichtiges ... *Verletzungsgefahr*<br>3. Wichtigstes ... *fördert Aggression* | 2. Teilbereich des Themas (Gesundheit)<br>- Pro-Argumente *Fitnesstraining*<br>- Contra-Argumente *Verletzungsgefahr*<br>Fazit |
| Stellungnahme für **Pro**-Argumente | Stellungnahme für **Contra**-Argumente | 3. Teilbereich des Themas (Zeitaspekt)<br>- Pro-Argumente *Freizeitgestaltung*<br>- Contra-Argumente *verlorene Zeit*<br>Fazit<br><br>Stellungnahme für eine Seite! |
| Schluss | Schluss | Schluss |

Pro/Contra – Die Erörterung
Praxis Deutsch Sekundarstufe - Bestell-Nr. 10 902
KOHL VERLAG Der Verlag mit dem Baum
www.kohlverlag.de

# Mögliche Ablaufplanung für „Die Erörterung“

**Informationen für den Lehrer**

Diese Einteilung gilt nur als Richtwert, da die tatsächliche Unterrichtszeit von der Individualität Ihrer Schüler und deren eigenem Lerntempo abhängt. Die einzelnen Kopiervorlagen müssen nicht immer vollständig erarbeitet werden, um einen Lernerfolg zu erzielen.

## 1 Von der Behauptung zum Argument *(2 Unterrichtsstunden)*

Seite 11 — 1. Unterrichtsstunde
Seite 12 — 2. Unterrichtsstunde

## 2 Wiederholung der linearen Erörterung *(2 Unterrichtsstunden)*

Seiten 13/14 — 1. Unterrichtsstunde
Seite 14 — 2. Unterrichtsstunde

*(Seite 14, Aufgabe 3: mögliche Hausaufgabe oder eine 3. Unterrichtsstunde)*

## 3 Den eigenen Standpunkt finden – Pro- & Contra-Argumente *(4 Unterrichtsstunden)*

Seiten 16-18 — 1., 2. und 3. Unterrichtsstunde
Seiten 19-21 — 4. und 5. Unterrichtsstunde

*(Seite 21, Aufgabe 12: mögliche Hausaufgabe oder – je nach Arbeitstempo der Klasse – eine 6. Unterrichtsstunde)*

## 4 Verbindungen & Überleitungen – Argumente sinnvoll aneinanderreihen *(3 Unterrichtsstunden)*

Seiten 23/24 — 1. Unterrichtsstunde
Seite 25 — 2. Unterrichtsstunde
Seite 26 — 3. Unterrichtsstunde

*(Seite 26 kann auch als Hausaufgabe dienen.)*

## 5 Aufbau – einen Schluss formulieren *(1 Unterrichtsstunde)*

Seiten 27-28 — 1. Unterrichtsstunde

*(Seite 29 ist eine mögliche Hausaufgabe oder eine 2. Unterrichtsstunde.)*

Pro/Contra – Die Erörterung
Praxis Deutsch Sekundarstufe - Bestell-Nr. 10 902
KOHL VERLAG Der Verlag mit dem Baum
www.kohlverlag.de

Informationen für den Lehrer

## 6 Aufbau einer kontroversen (dialektischen) Erörterung
*(3 Unterrichtsstunden)*

| | |
|---|---|
| Seiten 31-34 | 1. Unterrichtsstunde |
| Seite 35 | 2. und 3. Unterrichtsstunde |

*(Seite 33, Aufgabe 1: mögliche Hausaufgabe oder – je nach Arbeitstempo der Klasse – eine weitere Unterrichtsstunde)*
*Weitere Erörterungen des Themenspeichers auf Seite 35 dienen als Hausaufgaben.*

## 7 Die textgebundene Erörterung *(4 Unterrichtsstunden)*

| | |
|---|---|
| Seiten 36-38 | 1. Unterrichtsstunde |
| Seite 39 | 2. Unterrichtsstunde |
| Seite 40 | 3. Unterrichtsstunde |
| Seiten 41-42 | 4. Unterrichtsstunde |

*(Seite 38, Aufgabe 6: mögliche Hausaufgabe oder eine weitere Unterrichtsstunde.)*

## 8 Bewertungsbogen für die kontroverse (dialektische) Erörterung

Der Bewertungsbogen dient als Vorlage für die Korrekturen. Er kann auch in Schülerstärke kopiert werden und als Bewertungsnachweis ins Heft/in den Ordner geklebt werden.

# 1 Von der Behauptung zum Argument

EA **Aufgabe 1:** *Lies den folgenden Text aufmerksam.*

Die Klasse 9a bespricht ihren Ausflugstag. Viele unterschiedliche Ziele stehen zur Auswahl. Herr Koch, der Lehrer, möchte gerne mit allen rodeln gehen. Er meint: „Lasst uns doch rodeln gehen!“ Darauf erwidert die Klassensprecherin Katharina: „Rodeln finde ich nicht gut, weil nicht jeder einen Schlitten hat. Als wir am Wintersporttag letztes Jahr rodeln waren, mussten wir immer lange warten, da wir zu wenig Schlitten hatten, da wurde uns ganz kalt vom Herumstehen.“ „Aber rodeln ist doch toll!“, erwidert Herr Koch erneut.

EA **Aufgabe 2:** **a)** *Welche Meinung hat Herr Koch?*

______________________________

______________________________

**b)** *Welche Meinung hat Katharina?*

______________________________

______________________________

EA **Aufgabe 3:** *Worin besteht der Unterschied dieser zwei Aussagen?*

______________________________

______________________________

______________________________

______________________________

______________________________

KOHL VERLAG Der Verlag mit dem Baum www.kohlverlag.de
Pro/Contra – Die Erörterung
Praxis Deutsch Sekundarstufe - Bestell-Nr. 10 902

# 1 Von der Behauptung zum Argument

**Merke dir:**

| Behauptung | mit Begründung | und Beispiel | |
|---|---|---|---|
| Sport ist toll, | weil man seine Gesundheit dadurch fördert. | Durch mein regelmäßiges Lauftraining habe ich meine Kondition aufgebaut und bin fitter geworden. | **= sinnvolles Argument** |

EA

**Aufgabe 4:** *Behauptung oder Argument? – Trage ein.*

**a)** Meine Katze ist ein intelligentes Tier.

**b)** Übermäßiger Alkoholkonsum ist schädlich, denn dies führt zur Leberschrumpfung. Erwiesenermaßen beansprucht Alkohol die Leber zu sehr.

**c)** Hunde sind nützlich. Sie können den Alltag behinderter Menschen erleichtern, wie z.B. der Blindenhund, der es Blinden ermöglicht, sich im Straßenverkehr zurechtzufinden.

**d)** Schwarzfahren in der Bahn ist nicht bedenklich, mein Bruder fährt immer schwarz.

**e)** Umweltschutz geht uns alle an. Wenn wir uns alle engagieren, können wir etwas erreichen und wir schützen dadurch auch unsere eigene Zukunft, weil wir dazu beitragen, in einer „gesunden" Welt zu leben.

PA

**Aufgabe 5:** *Macht aus den folgenden Behauptungen ein Argument. Schreibt auf die Blattrückseite oder in euer Heft/in euren Ordner.*

**a)** Fahrrad fahren ist gesund.

**b)** Ein sauberes Zimmer ist wichtig.

**c)** Ordentliche Heftführung ist wichtig.

**d)** Piercings sind total trendy.

**e)** Fernsehen macht schlau.

Pro/Contra – Die Erörterung
Praxis Deutsch Sekundarstufe - Bestell-Nr. 10 902
KOHL VERLAG
www.kohlverlag.de

# 2 Wiederholung der linearen (steigernden) Erörterung

Um noch einmal kurz die lineare Erörterung zu wiederholen, betrachte die folgende Grafik:

**Einleitung** – Das Thema wird erklärt, eventuell wird gesagt, warum es so wichtig oder gerade aktuell ist.

**Hauptteil** – Es folgen der Reihe nach Argumente, die diese Aussage stützen.

1. Argument
2. Argument
3. Argument

.....

.....

Anordnung der Argumente:

unwichtig

↓

am wichtigsten

**Schluss** – Schlussstellungnahme mit eventuell noch zu bedenkenden Aspekten.

EA

**Aufgabe 1:** „Ein Schulabschluss ist wichtig."

*Finde Argumente für diese Behauptung.*

⇨ ______________________________

______________________________

______________________________

⇨ ______________________________

______________________________

______________________________

⇨ ______________________________

______________________________

______________________________

⇨ ______________________________

______________________________

______________________________

Pro/Contra – Die Erörterung
Praxis Deutsch Sekundarstufe - Bestell-Nr. 10 902
KOHL VERLAG Der Verlag mit dem Baum
www.kohlverlag.de

## 2 Wiederholung der linearen (steigernden) Erörterung

### Checkliste für die lineare (steigernde) Erörterung – so gehe ich vor!

☐ Ich nehme mir 2 Minuten Zeit, um intensiv über das Thema nachzudenken. Das gehört alles zum Thema.

☐ Ich sammle alle meine Ideen und Gedanken zum Thema in einem Cluster.

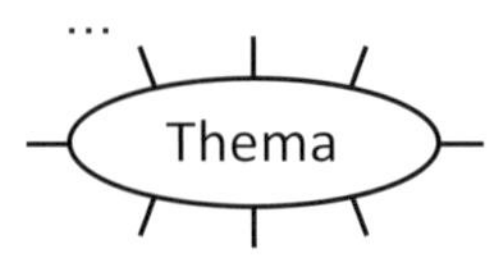


☐ Nun nummeriere ich die Argumente durch von schwach (1.) nach immer stärker werdend (2., 3., 4.). Das ist auch die Anordnung meiner Argumente in der linearen Erörterung.

☐ In der Einleitung stelle ich das Thema vor und sage, warum es so wichtig ist.

☐ Nun folgen meine Argumente in der Reihenfolge von *schwach* über *weniger wichtig* bis zu *sehr wichtig*. Ich achte dabei auf schöne Verbindungen zwischen den Argumenten.

☐ Beim Schluss kann ich sogar meine eigene Stellungnahme mit einbringen.

Einleitung
⇩
Argument schwach
⇩
Argument stark
⇩
Argument am stärksten
⇩
Schluss

EA **Aufgabe 2:** *Verfasse eine lineare Erörterung zum Thema „Ein Schulabschluss ist wichtig!“. Schreibe in dein Heft.*

EA **Aufgabe 3:** *Entscheide dich für eines der folgenden Themen und verfasse eine lineare Erörterung.*

1. Blut spenden rettet Leben!
2. Sport hält fit!
3. Ein Auslandsaufenthalt für Jugendliche sollte Pflicht werden.
4. Atomkraft – nein danke!
5. Für alte und kranke Menschen haben wir heute immer weniger Zeit. Warum ist das so?
6. Warum trinken sich viele Jugendliche ins Koma?
7. Magersucht – eine gefährliche Krankheit.
8. Castingshows sind super!
9. Viele Menschen wollen keine Kinder haben.
10. Gewalt ist keine Lösung.
11. Was macht einen guten Lehrer aus?
12. Gegen Rassismus!

Pro/Contra – Die Erörterung
Praxis Deutsch Sekundarstufe - Bestell-Nr. 10 902
KOHL VERLAG Der Verlag mit dem Baum
www.kohlverlag.de

# 3 Den eigenen Standpunkt finden – Pro- & Contra-Argumente

**Informationen für den Lehrer**

Um den Schülerinnen und Schülern klar zu machen, dass es oft unterschiedliche Meinungen zu einem Thema gibt, sollte man sie selbst mit solchen unterschiedlichen Standpunkten konfrontieren.

Dazu gibt es hier drei mögliche Vorgehensweisen:

1. Sie können, wenn Sie z.B. nur wenig Zeit zur Verfügung haben, das Arbeitsblatt Seite 16 austeilen und die Schüler ihren Standpunkt zum jeweiligen Thema finden lassen. (Achtung: Dies sollte auf jeden Fall selbstständig erfolgen!) Es wird klar, dass nicht immer alle derselben Meinung sind.

2. Die Stunde kann locker in der Gesprächsrunde begonnen werden, indem man einfach gleich ein kontroverses Thema in den Raum stellt: „Schuluniform – eine Möglichkeit für unsere Schule?“ Welche Meinung haben die einzelnen Schüler dazu? Jeder Schüler nennt einen Grund (Argument) für seine Meinung.

   Gegebenenfalls wird man nach der ersten Gesprächsrunde Pro- und Contragruppen bilden und eine erneute Diskussion ansetzen.

   Es könnte auch alternativ so verfahren werden bzw. dieser Ablauf an die Gesprächsrunde folgen: Die Schüler ordnen sich – ohne nähere Begründung – einer Pro- oder einer Contra-Gruppe zu. Sie erhalten eine der beiden Meinungen mit der Aufgabe, die Textmeinung präzise zu formulieren und vorzutragen/aufzuschreiben.

Impuls

Notiere zu deinem Standpunkt auf einzelnen Zetteln je ein Argument und gegebenenfalls ein stützendes Beispiel.

Hinweis zu den Ergebnissen

Die Diskussion dient einerseits der Profilierung und Präzisierung der Standpunkte, gegebenenfalls auch der genaueren Untersuchung einzelner Argumentationen. Zum andern aber hat sie vorbereitenden Charakter. Es sollen Argumente für und gegen die Schuluniform gesammelt werden, die dann in einer schriftlichen Ausarbeitung verwertet werden. Um diesen Ablauf durchzuführen, unterstützen Sie die Arbeitsblätter von Seite 17 bis 21.

3. Alternativ wäre es denkbar, beide Varianten (1. und 2.) hintereinander zu schalten. So erhalten die Schüler einen intensiven Einblick. Sollte genügend Unterrichtszeit vorhanden sein, ist dies durchaus sinnvoll.

KOHL VERLAG Der Verlag mit dem Baum www.kohlverlag.de
Pro/Contra – Die Erörterung
Praxis Deutsch Sekundarstufe - Bestell-Nr. 10 902

## 3 Den eigenen Standpunkt finden – Pro- & Contra-Argumente

EA

**Aufgabe 1**: *Welche Meinung vertrittst du? Kreuze an.*

| | pro | contra |
|---|---|---|
| Tattoos entstellen den Körper. | | |
| Alkohol ist keine Lösung. | | |
| Ein Handyverbot in der Schule ist nicht nachvollziehbar. | | |
| Designerklamotten sind total angesagt. | | |
| Schönheitsoperationen gehören abgeschafft. | | |
| Rauchen führt zu schweren Erkrankungen. | | |
| Schuluniformen fördern die Zusammenarbeit. | | |
| Mein Ziel ist es, viel Geld zu verdienen. | | |
| Schulnoten müssen abgeschafft werden. | | |
| Acht Wochen Sommerferien, dafür keine Herbstferien. | | |
| Hausaufgaben dürfen elektronisch mit dem PC erstellt werden. | | |
| Politisches Engagement für Jugendliche ist sinnvoll. | | |
| Unsere Gesellschaft ist kinderfeindlich. | | |
| Die Tanzstunde ist eine veraltete Veranstaltung. | | |
| Werbung für Zigaretten soll ganz verboten werden. | | |
| Fernsehen ist schuld an der zunehmenden Gewaltbereitschaft. | | |
| E-Books sind ein Ersatz für „echte“ Bücher. | | |
| Deutschland ist ein ausländerfeindliches Land. | | |
| Rauschgift sollte freigegeben werden. | | |

**Fazit:** Wie du siehst, kann es zu vielen Themen gegensätzliche Standpunkte geben. Die kontroverse (dialektische) Erörterung diskutiert diese gegensätzlichen Standpunkte durch sinnvolle Argumente miteinander und zeigt die Position der eigenen Meinung. <u>Die eigene Meinung sollte immer begründet werden</u>.

KOHL VERLAG Der Verlag mit dem Baum
www.kohlverlag.de
Pro/Contra – Die Erörterung
Praxis Deutsch Sekundarstufe - Bestell-Nr. 10 902

## Thema: Schuluniform – eine Möglichkeit für unsere Schule?

EA

**Aufgabe 2:** a) *Welchen persönlichen Standpunkt hast du zu diesem Thema? Schreibe ihn hier auf. Achtung: Arbeite auf jeden Fall alleine!*

b) *Nenne einen Grund für deine Meinung. Vergiss nicht, ein passendes Beispiel zu nennen.*

GA

**Aufgabe 3:** *Lest euch gegenseitig eure Standpunkte vor. Findet euch anschließend in Kleingruppen mit gleichem Standpunkt zusammen.*

KOHL VERLAG Der Verlag mit dem Baum www.kohlverlag.de
Pro/Contra – Die Erörterung
Praxis Deutsch Sekundarstufe - Bestell-Nr. 10 902

# Den eigenen Standpunkt finden – Pro- & Contra-Argumente

GA

**Aufgabe 4:** **a)** *Notiert zu eurem Standpunkt Argumente und vergesst je ein stützendes Beispiel nicht.*

**Meine Meinung**

______________________________

Beispiel: ______________________________

______________________________

Beispiel: ______________________________

______________________________

Beispiel: ______________________________

**b)** *Notiert zum Gegenstandpunkt ebenfalls Argumente und Beispiele.*

**Gegenmeinung**

______________________________

Beispiel: ______________________________

______________________________

Beispiel: ______________________________

______________________________

Beispiel: ______________________________

GA

**Aufgabe 5:** *Lest euch gegenseitig eure Argumente vor. Erstellt gemeinsam eine große Liste mit allen von euch gefundenen Pro- & Contra-Argumenten.*

| Pro | Contra |
|---|---|
| • …<br>• … | • …<br>• … |

EA

**Aufgabe 6:** *Lies die Liste nochmals alleine durch. Ändert sich deine Meinung noch?*

Pro/Contra – Die Erörterung
Praxis Deutsch Sekundarstufe - Bestell-Nr. 10 902
KOHL VERLAG Der Verlag mit dem Baum
www.kohlverlag.de

EA

**Aufgabe 7:** *Lies die beiden folgenden Texte aufmerksam durch.*

## Identifikation mit der Schule

Ich möchte mich mit meiner Schule und vor allen Dingen mit meiner Klasse identifizieren und zeigen, dass wir zusammengehören. Im Unterricht unserer Klasse haben wir dieses Thema diskutiert. Ich bin ein Fan von Schuluniformen geworden. *Corporate Identity* ist ein aktuelles Wort, ich finde das gut. Gleiche Kleidung stärkt das Gemeinschaftsgefühl und ich bin mir sicher, dass Uniformierung ein sehr guter Beitrag gegen Diskriminierung, Mobbing und Neid ist.
Trägt man gleiche Kleidung, lässt es sich nicht so leicht auf die Herkunft schließen. Daher kann auch keiner diskriminiert werden. Auch ein Mobben der einzelnen Schüler wegen unmoderner Kleidung oder Neid auf tolle Kleidung schließt sich aus. Ich habe schon immer den Kopf über das Tragen von Markenkleidung geschüttelt und ich hasse die Marken-Mentalität.
Schuluniformen lassen keine sozialen Unterschiede erkennen und uns ist nicht anzusehen, aus welchen sozialen Verhältnissen wir stammen. Für mich kommt noch ein weiteres Argument hinzu: Ich zeichne gerne und erfinde gerne Mode. Das Entwerfen von schönen Schuluniformen ist einfach geil und ein Modell von mir ist auch schon von einer Schule übernommen worden!

## Einschränkung der Freiheit

Ich bin mir mit anderen in meiner Klasse einig: Krawatten, Hemden und diese gebügelten Hosen sind einfach nur spießig und passen nicht zu uns. Ich möchte selber entscheiden, was ich anziehe, vorgeschriebene Kleidung schränkt mich in meiner Freiheit ein – es kann doch nicht sein, dass mir fremde Leute sagen, was ich anziehen soll! Wo bleibt denn da die Meinungsfreiheit? Da es meistens auch noch unterschiedliche Uniformen für Mädchen und Jungen gibt, fördert dies bereits früh spezifische Geschlechterrollen. Gerade haben wir noch im Unterricht über Gleichstellung und Gleichbehandlung gesprochen – und jetzt so etwas? Auch das passt nicht zusammen.
Und dann ist da noch der Punkt der Kosten. Wer soll die Uniformen bezahlen? In allen Diskussionen wird auf die schwierige wirtschaftliche und finanzielle Situation der Kommunen hingewiesen, es ist also kein Geld da. Jetzt müssen Familien die Uniformen selbst kaufen, was wieder ein Problem für finanziell Schwächere darstellt. Auch das passt nicht zusammen. Und dann gibt es doch den Satz: Nicht das Äußere, sondern der Charakter zählt. Hat das keine Bedeutung mehr? Nein, lasst den Unsinn mit den Uniformen sein!

EA

**Aufgabe 8:** *Welcher Text ist für, welcher gegen Schuluniformen? Ordne zu.*

Pro: ____________________________________________

Contra: __________________________________________

KOHL VERLAG Der Verlag mit dem Baum www.kohlverlag.de
Pro/Contra – Die Erörterung
Praxis Deutsch Sekundarstufe - Bestell-Nr. 10 902

PA

**Aufgabe 9:** **a)** *Schreibt in Stichworten die Argumente des Pro-Textes heraus.*

**b)** *Schreibt in Stichworten die Argumente des Contra-Textes heraus.*

EA

**Aufgabe 10:** *Überprüfe, welche Argumente du aus den beiden Textvorlagen genauer begründen würdest.*

PA

**Aufgabe 11:** *Findet zu jedem Standpunkt noch weitere Argumente. Vergesst Begründung und Beispiel nicht.*

*(Ihr dürft auch zuvor gefundene und verwendete Argumente benutzen. Achtet aber darauf, wie ein Argument aufgebaut ist.)*

| Behauptung | mit Begründung | und Beispiel | |
|---|---|---|---|
| Sport ist toll, | weil man seine Gesundheit dadurch fördert. | Durch mein regelmäßiges Lauftraining habe ich meine Kondition aufgebaut und bin fitter geworden. | **= sinnvolles Argument** |

| Pro-Schuluniform | Contra-Schuluniform |
|---|---|
| | |
| | |
| | |
| | |
| | |
| | |
| | |
| | |
| | |
| | |
| | |

EA

**Aufgabe 12:** *Formuliere eine Einleitung. Es folgt ein Textteil für Schuluniformen. Anschließend folgt ein Textteil gegen Schuluniformen. Die Textteile verfasst du, indem du die Argumente sinnvoll aneinanderreihst. Schreibe in dein Heft/in deinen Ordner.*

Pro/Contra – Die Erörterung
Praxis Deutsch Sekundarstufe - Bestell-Nr. 10 902
KOHL VERLAG Der Verlag mit dem Baum
www.kohlverlag.de

# 4 Verbindungen und Überleitungen – Argumente sinnvoll aneinanderreihen

**Informationen für den Lehrer**

Viele Schülerarbeiten wirken zunächst schon etwas „hölzern". Das liegt nicht zuletzt an der einfachen Reihung der Argumente („...und dann noch..."). Das Thema *Schuluniform* wurde ausführlich betrachtet, nun kann man die Aneinanderreihung der Argumente mit schönen Überleitungen versehen.

Die Aufgabe, die Argumente aneinanderzureihen, wird in Einzel- oder Partnerarbeit so korrigiert, dass die Schüler für diese gute Überleitungen/Verbindungen zum nächsten Argument erhalten. Es entstehen also neue ausformulierte Mittelteile mit den entsprechenden Pro- und Contra-Argumenten.

Ziel dieses Schrittes ist es, erste Erfahrung mit der Verbindung von Argumenten untereinander zu machen. Entsprechend werden diese Verbindungen gesammelt. Möglicherweise wird man schon beim Sammeln etwas Ordnung schaffen, was die verschiedenen Möglichkeiten der Verbindung von Argumenten betrifft. Außerdem kann man den Schülern empfehlen, offene Listen anzulegen als Formulierungsstützen.

**Aber wozu dienen diese Überleitungen?**

In Überleitungen stellt man Verbindungen zwischen den einzelnen Argumentationsteilen her. Diese Überleitungen sind nicht unbedingt erforderlich. Oft genügt es, einen neuen Abschnitt zu beginnen, um zu verdeutlichen, dass ein neuer Argumentationsteil beginnt. Der Text wirkt allerdings flüssiger, die Argumentation erscheint weniger zusammenhanglos, wenn in Überleitungen die Art und Weise des Zusammenhangs dargestellt wird.

Es lassen sich unterscheiden:

- Beide Argumentationsteile sind gleichwertig: ⇨ Reihung
- Beide Argumentationsteile widersprechen sich: ⇨ Gegensatz
- Ein Argumentationsteil wird höher bewertet: ⇨ Steigerung

Das Arbeitsblatt Seite 24 kann man auch zurückhalten, um die Schüler in ihrer Selbstständigkeit zu fördern, eigene Überleitungen zu finden.

## Weitere mögliche Themen zum Üben:

- Schulbeginn um 10:00 Uhr – sammle Argumente, die dafür und dagegen sprechen.
- Sollen Schulnoten abgeschafft werden? Was spricht dagegen, was dafür?
- PC – Fluch oder Segen?
- Musik hören beim Erstellen von Hausaufgaben – was spricht dafür, was dagegen?
- Wählen ab 16 – sinnvoll oder nicht sinnvoll?
- Sollen Schüler ihre Lehrer duzen?

Pro/Contra – Die Erörterung
Praxis Deutsch Sekundarstufe - Bestell-Nr. 10 902
KOHL VERLAG Der Verlag mit dem Baum www.kohlverlag.de

# 4 Verbindungen und Überleitungen – Argumente sinnvoll aneinanderreihen

EA / PA

**Aufgabe 1:** *Ihr habt bereits Argumente für/gegen Schuluniformen gefunden. Diese habt ihr in einem Text zusammengefügt, indem ihr nach der Einleitung zuerst alle Pro-Argumente und anschließend alle Contra-Argumente zusammengefasst habt. Lest nun eure verfassten Texte nochmals genau durch und überarbeitet sie gegebenenfalls so, dass zwischen den einzelnen Argumenten Überleitungen entstehen. Arbeitet in eurem Heft/in eurem Ordner.*

*Tipp: Wird es zu unordentlich, dann schreibt lieber den Text nach dem Bearbeiten nochmals ab.*

PA

**Aufgabe 2:** *Erstellt gemeinsam eine Liste, in der ihr eure Überleitungen bzw. Verbindungen zwischen den Argumenten sammelt.*

- ______________________________
- ______________________________
- ______________________________
- ______________________________
- ______________________________

GA

**Aufgabe 3:** *Sucht euch weitere „Mitarbeiter“ und fertigt gemeinsam eine vollständige Liste von Argumentverbindungen an.*

KOHL VERLAG Der Verlag mit dem Baum www.kohlverlag.de
Pro/Contra – Die Erörterung
Praxis Deutsch Sekundarstufe - Bestell-Nr. 10 902

# 4 Verbindungen und Überleitungen – Argumente sinnvoll aneinanderreihen

Überleitungen/Verbindungen zwischen den Argumenten stellen einen Zusammenhang her. Je nachdem, wie man die Argumente anordnen will, lässt sich dies folgendermaßen unterscheiden:

- Pro- & Contra-Argumente sind gleichwertig nacheinander aufgelistet (erst ein Teil, dann der andere Teil). ⇨ **Reihung**
- Die Pro- & Contra-Argumente wechseln sich jeweils ab. ⇨ **Gegensatz**
- Der jeweilige Pro- & Contra-Teil steigert sich von schwachen zu starken Argumenten. ⇨ **Steigerung**

**Überleitungen, die Argumentationsteile aneinanderreihen:**

- zunächst mal ... , an erster Stelle wäre zu nennen ... , vor allem sollte man ...
- dann aber auch ... , ferner ... , ein weiteres ... , und auch ... , nicht minder zu beachten ... , nicht weniger wichtig ist ...
- darüber hinaus ... , bleibt auch zu bedenken ... , weiterhin ... , noch ein ähnlicher Punkt ist anzuführen ... , ein weiterer Gesichtspunkt gehört hierher: ...
- ebenfalls ... , ebenso ... , außerdem noch ... , hinzu kommt ...
- eng damit verknüpft ist ... , dabei muss auch bedacht werden ...
- ähnlich steht es um ... , nicht anders ist es mit ...
- nicht zuletzt ... , nicht zu vergessen ... , auch daran sei erinnert, dass ...
- zu guter Letzt ... , schließlich sei daran erinnert, dass ... , zum Schluss sei noch genannt ... , als letztes Argument sei angeführt, dass ...

**Überleitungen, die Gegensätze betonen:**

- nicht nur ... , man muss auch ...
- einerseits ... , andererseits ...
- demgegenüber aber ist auch zu bedenken ...
- aber auch ... , dem steht allerdings entgegen ... , es darf jedoch auch nicht übersehen werden ...
- trotz all dieser Gründe darf nicht übersehen werden, dass ...
- wie aber verhält es sich dagegen mit ...
- zwar ... , aber ...

**Überleitungen, die eine Steigerung signalisieren:**

- schon der einfache ... , beginnen wir mit dem, was auf der Hand liegt ...
- schwieriger wird es schon mit ... , gewichtiger ist da schon ...
- Eine erneute Steigerung der Schwierigkeiten ergibt sich ... , wie ist es gar mit ... , noch bedeutsamer aber ist ...
- Besonders wichtig aber erscheint mir ... , von außerordentlicher Wichtigkeit ist aber ... , schließlich gar ... , am deutlichsten ...

KOHL VERLAG Der Verlag mit dem Baum www.kohlverlag.de
Pro/Contra – Die Erörterung
Praxis Deutsch Sekundarstufe - Bestell-Nr. 10 902

**4**

## Verbindungen und Überleitungen – Argumente sinnvoll aneinanderreihen

EA

**Aufgabe 4**: *Finde zum Thema „PC – Fluch oder Segen?“ einzelne Argumente und notiere sie in Stichworten in der Tabelle.*

| Pro | Contra |
|---|---|
| | |
| | |
| | |
| | |
| | |
| | |
| | |
| | |
| | |
| | |
| | |
| | |

EA

**Aufgabe 5**: **a)** *Schreibe eine Einleitung zum Thema „PC – Fluch oder Segen?“.*

> Zur Wiederholung: **Einleitung**
> In einer Einleitung wird das Thema nochmals erklärt und genannt, warum das Thema gerade aktuell oder wichtig ist.

**b)** *Entscheide dich für einen Standpunkt.*

**c)** *Beginne nun die Argumente, deren Standpunkt du nicht vertrittst, nach der Einleitung aufzuschreiben.*

**d)** *Formuliere einen Überleitungssatz zu dem anderen Argumentationsteil (Pro ⇨ Contra / Contra ⇨ Pro).*

**e)** *Schreibe dann alle Argumente deines Standpunktes ebenfalls mit passenden Überleitungen auf.*

KOHL VERLAG Der Verlag mit dem Baum
www.kohlverlag.de
Pro/Contra – Die Erörterung
Praxis Deutsch Sekundarstufe - Bestell-Nr. 10 902

EA

**Aufgabe 6**: *Finde zum Thema „Musik hören während der Erledigung von Hausaufgaben – was spricht dafür, was dagegen?" einzelne Argumente und notiere sie in Stichworten in der Tabelle.*

| Pro | Contra |
|---|---|
| | |
| | |
| | |
| | |
| | |
| | |
| | |
| | |
| | |
| | |
| | |
| | |

EA

**Aufgabe 7**:

**a)** *Ordne die Pro-Argumente vom schwächsten zum stärksten Argument, indem du sie durchnummerierst (1., 2., 3. ...).*

**b)** *Ordne die Contra-Argumente vom stärksten zum schwächsten Argument, indem du sie durchnummerierst (1., 2., 3. ...).*

**c)** *Verfasse eine Einleitung zum Thema „Musik hören beim Hausaufgaben erledigen".*

**d)** *Nach der Einleitung fügst du nun die Contra-Argumente an, und zwar in der Reihenfolge vom stärksten zum schwächsten Argument – also genau so, wie du sie durchnummeriert hast. Achte auf die Überleitungen zwischen den Argumenten.*

**e)** *Nun fügst du die Pro-Argumente an. Achte auf die Überleitung zum Teil der Pro-Argumente. Beachte auch die Überleitungen zwischen den Pro-Argumenten, die du vom schwächsten zum stärksten Argument anführst.*

Pro/Contra – Die Erörterung
Praxis Deutsch Sekundarstufe - Bestell-Nr. 10 902
KOHL VERLAG Der Verlag mit dem Baum
www.kohlverlag.de

# 5 Aufbau einer kontroversen (dialektischen) Erörterung

## Einen Schluss formulieren

Argumente zu einem Streitthema zu finden ist meist recht einfach, da viele Ideen vorhanden sind. Nachdem ihr bereits Einleitungen zu einem Streitthema und Hauptteile mit Argumenten verfasst habt, endet die Erörterung mit einem passenden Schluss. Zu diesem sollte aber gut übergeleitet werden. Das kann beispielsweise folgendermaßen aussehen:

**So kann man Argumentationen abschließen:**

**a)** Aus all dem ist wohl zu ersehen, dass ...
**b)** All das führt zu der Überzeugung, ...
**c)** Das alles spricht also dafür, ...
**d)** Nach meiner Ansicht kann das alles also nur bedeuten: ...
**e)** Hauptsächlich wird man also davon auszugehen haben, ...
**f)** Somit ist also als wesentliches Ergebnis festzuhalten: ...

Im Schlussteil findet sich bei den meisten Erörterungen auch die eigene Meinung mit Begründung. Oft wird diese als Ergebnis aus den Argumenten formuliert.

**Aufgabe 1:** *Setzt euch in Gruppen zusammen und schreibt auf, was für ein Schluss wichtig ist.*

KOHL VERLAG Der Verlag mit dem Baum
www.kohlverlag.de
Pro/Contra – Die Erörterung
Praxis Deutsch Sekundarstufe - Bestell-Nr. 10 902

# 5 Aufbau einer kontroversen (dialektischen) Erörterung

EA

**Aufgabe 2:** *Lies die folgende Erörterung aufmerksam durch.*

## PC – Fluch oder Segen?

Computer sind sowohl in beruflichen wie privaten Bereichen allgegenwärtig und allgemein akzeptiert. Computer und Internet sind zwei Begriffe, die aus unserer heutigen Gesellschaft nicht mehr wegzudenken sind. Ob im Büro, an Schulen aller Art, im Café oder Zuhause, Computer sind fest in den Alltag integriert. Dank neuer Akkus mit langer Laufleistung und stromsparender Prozessortechnologien können portable Computer heutzutage auch fast überall mit hin genommen werden. Was bedeutet für den Menschen diese Entwicklung? Ist sie ein Glücksfall und ein Segen oder ein unberechenbares Ereignis und ein Fluch? Die Antwort darauf bedarf einer genaueren Untersuchung.

Zunächst einmal ist der Computer eine Errungenschaft mit unschätzbaren Vorteilen und Erleichterungen für die berufliche und private Arbeit und die Kommunikation. Der Zugriff auf gespeicherte Informationen und selbst hergestellte Daten ist ebenso jederzeit möglich wie das Abfragen und Senden von Informationen und Daten. Ein nicht weniger wichtiger Vorteil ist das Erstellen, Visualisieren, Abrufen und Drucken von Präsentationen, Berichten, Briefen und Büchern, die je nach Bedarf weiter bearbeitet werden können. Dazu gehören natürlich auch das Erstellen und Bearbeiten von Collagen, Montagen und Bildern mit den entsprechend gespeicherten Programmen. Darüber hinaus ist die Kommunikation durch Emails, in virtuellen Chatrooms und auf Flirtlines und virtuellen Singletreffs für viele Menschen eine wichtige Aktivität. Durch die Entwicklung von Wireless LAN und Bluetooth-Schnittstellen ist ein Internetzugang fast überall möglich, unterstützt durch transportable Notebooks. So kann ich z.B. jederzeit mit meiner Bank Kontakt aufnehmen oder mich in virtuellen Shops über Produkte jeglicher Art informieren und bestellen. Weniger wichtig ist zumindest für mich die Unterhaltung mit elektronischen Spielen oder die Gestaltung von Netzwerkspielen mit Menschen an einem lokalen Ort oder im Netz.

Aber es gibt nicht nur diese wirklich gewichtigen Vorteile, der Umgang mit dem PC birgt auch Gefahren und gefährliche Entwicklungen.

Die traditionelle Form der Kommunikation durch persönliche Gespräche und Blickkontakte verlieren ebenso an Bedeutung wie der Briefkontakt mit persönlicher Handschrift. Traditionelle Medien wie Buch, Radio oder Zeitung haben keine Chance gegen die digitale Konkurrenz. Es ist auch bedenklich, dass die soziale Vereinsamung durch die virtuelle Kommunikation und die Kommunikation mit sich selbst weiter fortschreitet. Mir stellt sich die Frage, ob jederzeitige Erreichbarkeit tatsächlich zu jeder Zeit erstrebenswert ist? Und ebenso wie wichtig ist tatsächlich die eigene Zurschaustellung in sozialen Netzwerken wie z.B. Facebook? Ich will kein gläsernes Dasein führen und jederzeit von fremden Menschen durch Eingriffe ins Netz sogar beobachtet werden können. Abgesehen davon ist die Möglichkeit der illegalen Datenbeschaffung und des Austausches dieser Daten eine kriminelle Entwicklung, die inzwischen unglaubliche Dimensionen umfasst. Aber auch die bewusste Zerstörung von Hard- und Software durch Entwickeln und Verbreiten von Viren im Netz durch Personen mit hoher krimineller Energie stellt einen Fluch dieser digitalen Entwicklung dar, die noch längst kein Ende gefunden hat.

EA

**Aufgabe 3:** *Formuliere zu dieser Erörterung einen passenden Schluss.*

- *Du bist der Meinung, dass der PC überwiegend ein Fluch ist.*
- *Achte auf einen Überleitungssatz vom Hauptteil zum Schluss.*
- *Begründe deine Meinung!*

Pro/Contra – Die Erörterung
Praxis Deutsch Sekundarstufe - Bestell-Nr. 10 902
KOHL VERLAG Der Verlag mit dem Baum
www.kohlverlag.de

## 5 Aufbau einer kontroversen (dialektischen) Erörterung

EA **Aufgabe 4**: *Lies die folgende Erörterung zum Thema „Musik hören beim Erstellen von Hausaufgaben“ aufmerksam durch.*

### Musik hören beim Erstellen von Hausaufgaben – was spricht dafür, was dagegen?

Eine wissenschaftliche Untersuchung der Technischen Universität Dortmund hat ergeben, dass Hausaufgaben machen und gleichzeitig Musik hören die Konzentration nicht wie gedacht beeinflusst – zumindest nicht, wenn es die Lieblingsmusik ist. Dieses Streitthema spaltet die Meinungen. Es gibt Überlegungen, die dagegen und dafür sprechen.

An erster Stelle wäre zu nennen, dass eine intensive Konzentration auf Musik von anderen Tätigkeiten ablenken muss. Vor allen Dingen ist das Entwickeln von neuen Ideen und Gedanken nicht möglich. Wenn ich beispielsweise eine schwere Mathematikaufgabe löse und nachdenke, lenkt mich laute Musik mit Sicherheit ab. Nicht zuletzt führt es dazu, dass ich keine Lösung finde oder einen Fehler mache. Meines Erachtens ist es nicht möglich, z.B. ein Gedicht auswendig zu lernen und dabei Musik zu hören. Darüber hinaus macht laute und aggressive Musik auch den Hörer aggressiv. Es ist dabei nicht möglich, bei Hausaufgaben zu guten und sinnvollen Ergebnissen zu kommen.

Trotz all dieser Überlegungen gibt es Argumente, die für Musik hören beim Erstellen von Hausaufgaben sprechen.

Zunächst einmal sollten Kinder und Jugendliche ausprobieren, welche Musik sie beim Lernen unterstützt und nicht ablenkt. So können beispielsweise beim Verfassen eines englischen Textes verschiedene Titel von Lieblingsmusiken gehört werden und zeigen, welche Richtung gut tut. In erster Linie kann leise Musik nicht ablenken, da schöne Klänge angenehm sind. Das Zeichnen einer Karte z.B. geht einfacher, wenn mich sanfte Klänge begleiten. Höre ich dabei meine Lieblingsmusik, fördere ich meine Motivation, ich entspanne und bekomme gute Laune. Ich weiß z.B. für mich, dass ich bei Hip Hop immer die besten Ideen habe. Weiterhin gehört Musik hören zu meinen Lieblingsbeschäftigungen – und es kann doch wohl nicht sein, dass mir mein Hobby verboten wird! Sich wohlfühlen stellt eine wichtige Voraussetzung für erfolgreiches Arbeiten dar. Besonders wichtig scheint mir aber die Bedeutung und Funktion der linken und rechten Hirnhemisphäre zu sein. Die rechte Hirnhälfte ist zuständig für den musikalisch-kreativen Bereich, die linke ist zuständig für Sprache und Arbeiten. Demnach wirkt Musik auf die rechte Gehirnhälfte und optimiert die Zusammenarbeit mit der Linken.

EA **Aufgabe 5**: *Du bist der Meinung, dass Musik hören beim Erstellen von Hausaufgaben nicht schaden kann. Formuliere nach den üblichen Regeln einen Schlussteil.*

Pro/Contra – Die Erörterung
Praxis Deutsch Sekundarstufe - Bestell-Nr. 10 902
KOHL VERLAG Der Verlag mit dem Baum
www.kohlverlag.de

# 6 Aufbau einer kontroversen (dialektischen) Erörterung – der Ablauf

**Informationen für den Lehrer**

Nachdem die Schüler nun bereits erste Erfahrungen gemacht haben, geht es jetzt darum, den korrekten Aufbau für die kontroverse Erörterung zu lernen.

Die Schüler können bereits eine Einleitung verfassen; sie wissen, wie man schlagkräftige Argumente formuliert und diese geschickt miteinander verknüpft. Was in einen Schluss gehört, wissen sie ebenfalls und sie können es durch die vorangegangenen Übungen auch anwenden.

Nun geht es darum, den Schülern zu vermitteln, dass es zwei Möglichkeiten gibt, eine kontroverse Erörterung aufzubauen.

Möglichkeit 1: Man stellt zunächst alle Argumente zusammen, die für den Standpunkt sprechen und dann fasst man die Gegenargumente in einem Block zusammen. In einem dritten Teil wird man das Fazit aus den beiden Argumentationen ziehen, das heißt, man wird entweder zu einem brauchbaren Kompromiss kommen, der beiden Teilen so weit wie möglich gerecht wird, oder man wird eine Entscheidung treffen, die gefällt wird, nachdem die einzelnen Blöcke vergleichend gewichtet wurden. Trifft man eine Entscheidung für eine der zwei Seiten (also z.B. für die Pro-Seite), wird man zuerst die Contra-Argumente anbringen und dann die Pro-Argumente. So wird der auf die Pro-Argumente folgende Schluss viel einleuchtender und bekommt viel mehr Gewicht, da die eigene Meinung auch für die Pro-Seite ist.

Möglichkeit 2: Man unterteilt das Gesamtproblem in Teilthemen (Sachbereiche), denen man dann Pro- und Contra-Argumente zuordnet. So könnte dies am Beispiel des Themas „Schuluniform" aussehen:

- soziale Gesichtspunkte (alle gleich – individuelle Profilierung ...)
- finanzielle Gesichtspunkte
- Mode (Modediktat – langweilige Uniformierung ...)
- Zweckmäßigkeit

... Man kann nun in den einzelnen Sachbereichen Teillösungen oder auch Teilentscheidungen anstreben, die am Ende in einer Gesamtlösung zusammengefasst werden.

**Tipp:** Sie können die Aufbauübersicht Ihren Schülern auch zu einem früheren Zeitpunkt geben. Sollten die Schüler die lineare Erörterung nicht mehr parat haben, ist es trotzdem wichtig, die Einleitung, den Schluss und die Argumente verfassen zu lernen. Für sehr leistungsstarke Schüler eignet sich auch einfach die Übersicht auf Seite 33 zu den „Kampfsportarten", die einen Aufbauüberblick gibt.

KOHL VERLAG Der Verlag mit dem Baum www.kohlverlag.de Pro/Contra – Die Erörterung Praxis Deutsch Sekundarstufe - Bestell-Nr. 10 902

## Der Ablauf einer kontroversen (dialektischen) Erörterung

Es gibt zwei Möglichkeiten, eine kontroverse Erörterung aufzubauen.

**Möglichkeit 1:**

Nach der Einleitung wird im Hauptteil zuerst eine Sichtweise mit Argumenten untermauert. Dann kommt die andere Sichtweise mit allen Gegenargumenten. Das folgt einem ganz klaren Aufbau, den du unten sehen kannst.

## Möglichkeit 1

| 1 a | 1 b |
|---|---|
| Einleitung | Einleitung |
| Hauptteil | Hauptteil |
| **Contra**-Argumente<br>1. Wichtigstes ...<br>2. Wichtiges ...<br>3. Unwichtiges ... | **Pro**-Argumente<br>1. Wichtigstes ...<br>2. Wichtiges ...<br>3. Unwichtiges ... |
| **Pro**-Argumente<br>1. Unwichtiges ...<br>2. Wichtiges ...<br>3. Wichtigstes ... | **Contra**-Argumente<br>1. Unwichtiges ...<br>2. Wichtiges ...<br>3. Wichtigstes ... |
| Stellungnahme für **Pro**-Argumente | Stellungnahme für **Contra**-Argumente |
| Schluss | Schluss |

(1 a oder 1 b)

KOHL VERLAG Der Verlag mit dem Baum www.kohlverlag.de
Pro/Contra – Die Erörterung
Praxis Deutsch Sekundarstufe - Bestell-Nr. 10 902

**Möglichkeit 2:**

Das Thema wird in Teilbereiche unterteilt, es werden jedem Teilbereich gleich die Pro- und Contra-Argumente zugeordnet. Aus jedem Teilbereich kann auch gleich ein Fazit erfolgen. Die Stellungnahme am Schluss kann alle diese Ergebnisse nochmals aufgreifen.

## Möglichkeit 2

↓

| Einleitung |
| --- |
| Hauptteil |
| <u>1. Teilbereich des Themas</u><br>- Pro-Argumente<br>- Contra-Argumente (Fazit daraus)<br><br><u>2. Teilbereich des Themas</u><br>- Pro-Argumente<br>- Contra-Argumente (Fazit daraus)<br><br><u>3. Teilbereich des Themas</u><br>- Pro-Argumente<br>- Contra-Argumente (Fazit daraus)<br><br><u>4. Teilbereich des Themas</u><br>- Pro-Argumente<br>- Contra-Argumente (Fazit daraus)<br><br>Stellungnahme für eine Seite! |
| Schluss |



KOHL VERLAG Der Verlag mit dem Baum www.kohlverlag.de
Pro/Contra – Die Erörterung
Praxis Deutsch Sekundarstufe - Bestell-Nr. 10 902

## 6 Aufbau einer kontroversen (dialektischen) Erörterung – der Ablauf

Im Folgenden siehst du den konkreten Aufbau einer kontroversen (dialektischen) Erörterung am Themenbeispiel „Kampfsportarten". Hier stellen sich alle Möglichkeiten des Aufbaus in einer Übersicht dar.

**Kampfsportarten**

**Möglichkeit 1** → **1 a** oder **1 b**

**Möglichkeit 2**

| 1 a | 1 b | Möglichkeit 2 |
|---|---|---|
| Einleitung | Einleitung | Einleitung |
| Hauptteil | Hauptteil | Hauptteil |
| **Contra**-Argumente<br>1. Wichtigstes ... *fördert Aggression*<br>2. Wichtiges ... *Verletzungsgefahr*<br>3. Unwichtiges ... *verlorene Zeit* | **Pro**-Argumente<br>1. Wichtigstes ... *Selbstverteidigung*<br>2. Wichtiges ... *Fitnesstraining*<br>3. Unwichtiges ... *Freizeitgestaltung* | 1. Teilbereich des Themas (personal)<br>- Pro-Argumente *Selbstverteidigung*<br>- Contra-Argumente *fördert Aggression*<br>Fazit<br><br>2. Teilbereich des Themas (Gesundheit)<br>- Pro-Argumente *Fitnesstraining*<br>- Contra-Argumente *Verletzungsgefahr*<br>Fazit<br><br>3. Teilbereich des Themas (Zeitaspekt)<br>- Pro-Argumente *Freizeitgestaltung*<br>- Contra-Argumente *verlorene Zeit*<br>Fazit<br><br>Stellungnahme für eine Seite! |
| **Pro**-Argumente<br>1. Unwichtiges ... *Freizeitgestaltung*<br>2. Wichtiges ... *Fitnesstraining*<br>3. Wichtigstes ... *Selbstverteidigung* | **Contra**-Argumente<br>1. Unwichtiges ... *verlorene Zeit*<br>2. Wichtiges ... *Verletzungsgefahr*<br>3. Wichtigstes ... *fördert Aggression* | |
| Stellungnahme für **Pro**-Argumente | Stellungnahme für **Contra**-Argumente | |
| Schluss | Schluss | Schluss |

EA

**Aufgabe 1**: *Entscheide dich für eine der oben dargestellten Möglichkeiten und formuliere mit Hilfe dieser Stichwörter eine Erörterung zum Thema „Kampfsportarten".*

Pro/Contra – Die Erörterung
Praxis Deutsch Sekundarstufe - Bestell-Nr. 10 902
www.kohlverlag.de

**6** **Aufbau einer kontroversen (dialektischen) Erörterung – der Ablauf**

| Einleitung | Einleitung | Einleitung |
|---|---|---|
| **Hauptteil** | **Hauptteil** | **Hauptteil** |
| **Contra**-Argumente<br>1. sehr wichtig<br>______<br>2. wichtig<br>______<br>3. nicht so wichtig<br>______ | **Pro**-Argumente<br>1. sehr wichtig<br>______<br>2. wichtig<br>______<br>3. nicht so wichtig<br>______ | **1. Teilbereich des Themas**<br>*(z.B. personal)*<br>- Pro-Argumente<br>______<br>- Contra-Argumente<br>______<br>- Fazit<br>______<br>______ |
| **Pro**-Argumente<br>1. nicht so wichtig<br>______<br>2. wichtig<br>______<br>3. sehr wichtig<br>______ | **Contra**-Argumente<br>1. nicht so wichtig<br>______<br>2. wichtig<br>______<br>3. sehr wichtig<br>______ | **2. Teilbereich des Themas**<br>*(z.B. gesundheitlich)*<br>- Pro-Argumente<br>______<br>- Contra-Argumente<br>______<br>- Fazit<br>______<br>______ |
| Stellungnahme für Pro-Argumente<br>______<br>______<br>______<br>______<br>______ | Stellungnahme für Contra-Argumente<br>______<br>______<br>______<br>______<br>______ | **3. Teilbereich des Themas**<br>*(z.B. zeitlich)*<br>- Pro-Argumente<br>______<br>- Contra-Argumente<br>______<br>- Fazit<br>______<br>______<br>Stellungnahme für eine Seite.<br>______<br>______<br>______ |
| **Schluss** | **Schluss** | **Schluss** |

Pro/Contra – Die Erörterung
Praxis Deutsch Sekundarstufe - Bestell-Nr. 10 902
KOHL VERLAG
www.kohlverlag.de

# 6 Aufbau einer kontroversen (dialektischen) Erörterung – der Ablauf

EA

**Aufgabe 2**: *Entscheide dich für eines der folgenden Themen, bei denen du eine eindeutige Meinung hast. Verfasse eine kontroverse Erörterung, indem du zuerst für einen Standpunkt argumentierst, dann für den anderen (Möglichkeit 1 - a oder b).*

*(Tipp: Du kannst zum Aufbaukonzept auch die Blankovorlage auf Seite 34 nehmen.)*

- Bereits 8-Jährige sollten ein Handy besitzen.
- Motorroller – tolles Fortbewegungsmittel oder gefährliches Mordinstrument?
- Handyverbot in der Schule – unnötige Einschränkung der persönlichen Freiheit?
- Musik – ein überflüssiges Schulfach?
- Doping und Sport – was alle machen, kann doch so falsch nicht sein, oder?
- Deutschland sucht den Superstar – brauchen wir das?
- Vorbilder – brauchen Jugendliche das?
- Hilfe im Haushalt – sinnvoll oder nicht?
- Alkopops – was spricht dafür, was dagegen?
- Autoführerschein mit 16 – Pro und Contra.
- Brauchst du in der Schule einen guten Lehrer?
- Googeln hilft immer! – Was spricht dafür, was dagegen?
- Atomkraft – Pro und Contra.

EA

**Aufgabe 3**: *Entscheide dich für ein anderes Thema, das du in Teilbereichen erörtern möchtest. Verfasse die kontroverse Erörterung.*

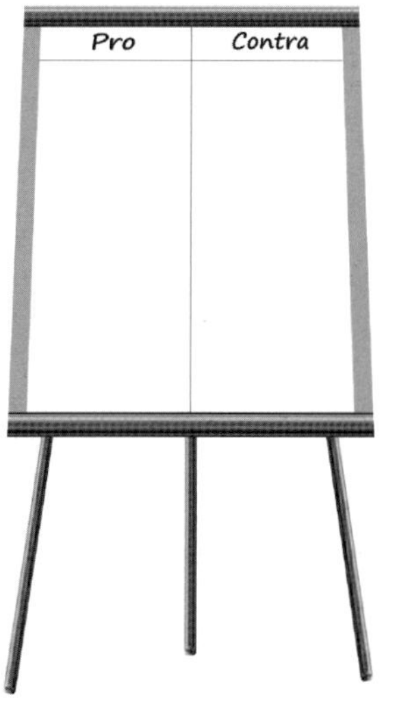


KOHL VERLAG Der Verlag mit dem Baum www.kohlverlag.de
Pro/Contra – Die Erörterung
Praxis Deutsch Sekundarstufe - Bestell-Nr. 10 902

# 7 Die textgebundene Erörterung

## Checkliste zum ...

### ... Aufbau einer textgebundenen Erörterung:

Bei einer textgebundenen Erörterung gehst du etwas anders vor als bei einer freien Erörterung. Dieses Vorlagenblatt soll dir dabei helfen!

- ☐ Lies den vorgegebenen Text.
- ☐ Welche Informationen bekommst du? Notiere dir Stichpunkte.
- ☐ Fasse in einem kurzen Satz zusammen, welche Informationen dir der Text gibt.
- ☐ Wie lautet jetzt deine Erörterung zu diesem Text? Formuliere das Thema.
- ☐ Sammle diese Informationen:
  *Verfasser des Textes, Erscheinungsort, Datum, Quelle, Textsorte, Absicht des Textes (Was will der Text? Für wen ist der Text bestimmt?).*

### ... Aufbau der textgebundenen Erörterung:

Einleitung:

- Nenne den Texttitel, Verfasser, Datum, Erscheinungsort, Textsorte und die Quelle.
- Erkläre kurz, um was es im Text geht und was dir der Autor sagen will.

Hauptteil:

- Fasse den Inhalt des Textes kurz zusammen (kurze Inhaltsangabe).
- Nenne alle wichtigen Gestaltungsmittel des Textes.
- Nun wird die Aussage des Textes erörtert. Dabei musst du deutlich machen, welche Argumente und Aussagen aus dem Text stammen und welche von dir sind. Dieser Teil kann nach den dir bekannten Möglichkeiten (Pro-Contra/ Contra-Pro oder Teilbereiche) aufgebaut werden.
- Hast du mehrere Texte, kannst du sie miteinander vergleichen.

Schluss:

- Beurteile die Informationen, die dir der Text gibt.
- Schreibe dein eigenes Fazit zu der Aussage des Textes.

KOHL VERLAG Der Verlag mit dem Baum
Pro/Contra – Die Erörterung
Praxis Deutsch Sekundarstufe - Bestell-Nr. 10 902
www.kohlverlag.de

## Sport ist im Verein am schönsten

**Die Handballjugend von Freudenstadt sucht dringend neue Mitglieder.**

Wir sind ein erfolgreiches Team und brauchen dich für unsere Wettkämpfe. Die Spiele können wir in diesem schnellen Sport nur gewinnen, wenn genügend Auswechselspieler auf der Bank sitzen. Bist du an Konditionstraining, Wurftechniken und Spielzügen interessiert? Wir trainieren zweimal die Woche und am Wochenende sind die Spiele. Schon bei den Fahrten zu den anderen Mannschaften geht es sehr lustig zu. Anschließend gibt es oft einen Grund zu feiern, denn in der letzten Saison waren wir sehr erfolgreich. Aber auch wenn wir verlieren, stehen wir zusammen und beschuldigen uns nicht, weil mal ein Ball sein Ziel verfehlte. Super sind auch unsere Feste: Weihnachtsfest und Sommergrillen stehen jedes Jahr auf dem Plan. Genauso wie unser traditioneller Ausflug. Letztes Jahr waren wir alle gemeinsam im Allgäu wandern. Hat echt Spaß gemacht! Um Geld für unsere Vereinskasse zu bekommen, organisieren wir öfter Kaffee- und Kuchenverkäufe. Selbstverständlich, dass da jeder mitmacht.
Na – Lust bekommen?

*(Erschienen im Freudenstädter Boten, verfasst von Sylvia Hielscher)*

EA

**Aufgabe 1**: *Welche Informationen liefert der Text? Zähle auf!*

EA

**Aufgabe 2**: *Fasse in einem kurzen Satz zusammen, welche Informationen dir der Text liefert.*

PA

**Aufgabe 3**: *Formuliert das Thema, das zu diesem Text erörtert werden kann.*

KOHL VERLAG Der Verlag mit dem Baum www.kohlverlag.de
Pro/Contra – Die Erörterung
Praxis Deutsch Sekundarstufe - Bestell-Nr. 10 902

PA

**Aufgabe 4**: *Könnte es zu der Aussage des Textes eine Gegenposition geben? Welche?*

EA

**Aufgabe 5**: *Sammle Pro- und Contra-Argumente zum Thema „Sport im Verein ist am schönsten“.*

| Pro | Contra |
|---|---|
| | |

EA

**Aufgabe 6**: *Verfasse mit Hilfe der Checkliste zum Aufbau einer textgebundenen Erörterung“ eine eigene Erörterung zum Text „Sport im Verein ist am schönsten“.*

Pro/Contra – Die Erörterung
Praxis Deutsch Sekundarstufe - Bestell-Nr. 10 902
KOHL VERLAG Der Verlag mit dem Baum
www.kohlverlag.de

## Protokollbogen zur Erörterung „Sport im Verein ist am schönsten“

EA

**Aufgabe 7:** **a)** *Wie hast du zum Thema hingeführt? Nenne deine Formulierung!*

________________________________________

________________________________________

**b)** *Wie hast du deine Argumente verbunden?*

- ______________________________________
- ______________________________________
- ______________________________________
- ______________________________________
- ______________________________________

**c)** *Stelle deine Argumente in Stichpunkten dar.*

| Pro | Contra |
|---|---|
| | |
| | |
| | |
| | |
| | |
| | |
| | |
| | |

PA

**Aufgabe 8:** *Lest jeweils die Erörterung eures Tischnachbarn und fertigt euch gegenseitig dieses Arbeitsblatt an! Tauscht euch dann aus!*

Pro/Contra – Die Erörterung
Praxis Deutsch Sekundarstufe - Bestell-Nr. 10 902
KOHL VERLAG Der Verlag mit dem Baum
www.kohlverlag.de

## Malteser – das ist unser Profil!

Der Malteser Hilfsdienst e.V. ist eine katholische Hilfsorganisation und wurde 1953 gegründet. Bis zum 27. Lebensjahr gehören die Mitglieder zur Malteser Jugend. Das Fundament der Malteser Jugendarbeit bildet der Glaube an Jesus Christus. Den Leitsatz „Bezeugung des Glaubens und Hilfe den Bedürftigen" setzen wir orientiert an der Welt der Jugendlichen um und leben ihn.

Die Schwerpunkte der Jugendarbeit werden von 4 Säulen gebildet, die im Leitbild festgehalten sind:

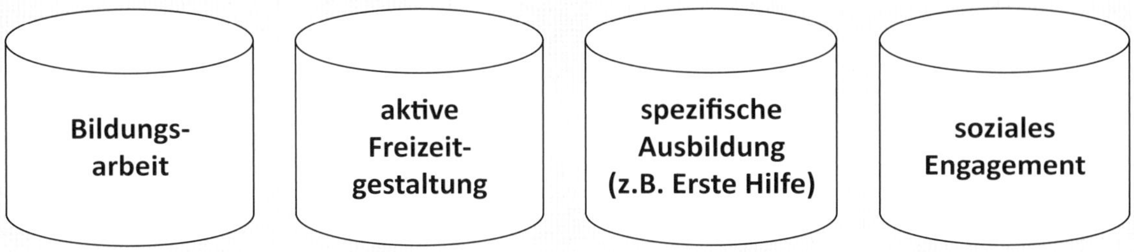


Neben den regelmäßigen Gruppenstunden im Ortsverband sind es besonders die Fahrten, Zeltlager und Seminare, die das Vereinsleben prägen. In den koedukativen Gruppen werden die Jugendlichen ganzheitlich gefordert und gefördert. Dabei können wir unsere Talente, Begabungen, Fähigkeiten und Fertigkeiten entwickeln und erproben, aber auch lernen, mit Schwächen umzugehen. Werte wie Verantwortungsbewusstsein, Hilfsbereitschaft, Toleranz, Achtung und Respekt werden nicht nur gelehrt, sondern auch gelebt.

Als christlicher Verband sind neben Personen aller Rassen, Nationalitäten und Religionen auch Behinderte Teil unserer Gemeinschaft.

Das sind genügend Gründe, um sich den Maltesern anzuschließen.

*Quelle: http://de.wikipedia.org/wiki/Malteser_Hilfsdienst#Ausbildung*

EA

**Aufgabe 9:**
- *Lies den Text aufmerksam durch.*
- *Überlege: Wäre das etwas für dich? Notiere Argumente für und gegen eine Mitgliedschaft bei den Maltesern. Schreibe in dein Heft/in deinen Ordner.*

EA

**Aufgabe 10:** *Verfasse eine eigene textgebundene Erörterung zum Thema „Den Maltesern sollte man sich anschließen".*

*Schreibe in dein Heft/in deinen Ordner.*

## Deutsches Jugendrotkreuz – das ist unser Profil!

Das Deutsche Jugendrotkreuz (JRK) ist die Jugendorganisation des Roten Kreuzes. Über 110.000 Jugendliche von 6 bis 27 Jahren organisieren sich ehrenamtlich in über 5.500 JRK-Gruppen.

Die Ziele des Roten Kreuzes fassen wir so zusammen:

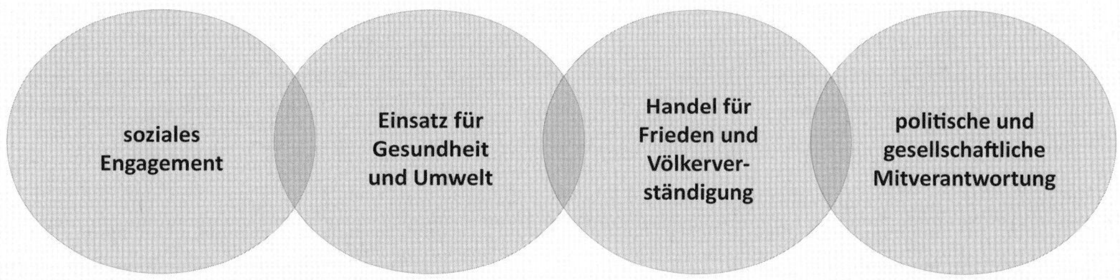


Das Jugendrotkreuz arbeitet mit Schulen, Bildungseinrichtungen, mit anderen Jugendverbänden und Initiativen zusammen. Auch für die Jugendorganisation gelten die 7 allgemeinen Grundsätze: Menschlichkeit, Unparteilichkeit, Neutralität, Unabhängigkeit, Freiwilligkeit, Einheit und Universalität.

Bei allen Aktivitäten steht der Gedanke, Menschen zu helfen, im Vordergrund. Zu den Aktivitäten in den Gruppenstunden gehören z.B. Erste Hilfe, Rettungsschwimmen, Streitschlichtung oder Spenden sammeln. Dazu organisieren wir noch Ferienfreizeiten, gehen zusammen ins Freibad oder führen ein eigenes Theaterstück auf. Wer Lust und Spaß hat, kann sich zur Gruppenleiterin oder zum Gruppenleiter ausbilden lassen und eine eigene JRK-Gruppe bilden.

*Quelle: http://de.wikipedia.org/wiki/Jugendrotkreuz#Ausbildung*

GA

**Aufgabe 11:**
- *Vergleicht die Organisationen Malteser und Deutsches Jugendrotkreuz und entscheidet euch für eine.*
- *Ordnet die Gründe und stellt die Gegengründe ebenfalls geordnet gegenüber. Nennt den wichtigsten Grund/Gegengrund am Schluss.*

| Pro | Contra |
|---|---|
| | |
| | |
| | |
| | |
| | |
| | |
| | |

KOHL VERLAG Der Verlag mit dem Baum www.kohlverlag.de Pro/Contra – Die Erörterung Praxis Deutsch Sekundarstufe - Bestell-Nr. 10 902

GA

**Aufgabe 12:** *Stellt eure Entscheidung dar und fasst euer Fazit abschließend nochmals zusammen.*

EA

**Aufgabe 13:** *Verfasse eine eigene Erörterung, indem du die beiden Texte „Malteser“ und „Deutsches Jugendrotkreuz“ miteinander vergleichst und ein eigenes Fazit ans Ende deiner textgebundenen Erörterung stellst.*

GA

**Aufgabe14:** *Tauscht eure fertigen textgebundenen Erörterungen untereinander aus und vergleicht sie miteinander.*

KOHL VERLAG Der Verlag mit dem Baum www.kohlverlag.de
Pro/Contra – Die Erörterung
Praxis Deutsch Sekundarstufe - Bestell-Nr. 10 902

# 8 Bewertungsbogen für die kontroverse (dialektische) Erörterung

| **Gliederung** | **volle Punktzahl** *(18 Punkte)* | **erreichte Punktzahl** |
|---|---|---|
| Aufbau in Einleitung - Hauptteil - Schluss erkennbar | **3** | |
| Einleitung führt zum Hauptteil | **3** | |
| Gliederung des Hauptteils – sinnvoll angeordnete Argumente<br>1. Möglichkeit: Pro-Contra/Contra-Pro<br>2. Möglichkeit: Teilbereiche | **5** | |
| Schluss mit eigener Stellungnahme | **4** | |
| Das einzelne Argument ist richtig aufgebaut | **3** | |

| **Inhalt** | **volle Punktzahl** *(19 Punkte)* | **erreichte Punktzahl** |
|---|---|---|
| Einleitung erklärt und begründet das Thema | **4** | |
| Sinnvolle Argumente (Pro-Contra/Contra-Pro oder Teilbereiche) | **10** | |
| logisches Fazit, sinnvolle Stellungnahme | **5** | |

| **Sprachliche Darstellung** | **volle Punktzahl** *(13 Punkte)* | **erreichte Punktzahl** |
|---|---|---|
| Überleitungen Einleitung - Hauptteil / Hauptteil - Schluss | **4** | |
| Überleitungen und Verknüpfungen der Argumente im Hauptteil | **4** | |
| Abwechslungsreiche Sprache | **3** | |
| Sprachstruktur (Rechtschreibung/Grammatik) | **2** | |

| | | |
|---|---|---|
| **Gesamtpunkte:** | **50** | |

Pro/Contra – Die Erörterung
Praxis Deutsch Sekundarstufe - Bestell-Nr. 10 902
KOHL VERLAG Der Verlag mit dem Baum
www.kohlverlag.de

# 9 Die Lösungen

**1**

**Aufgabe 2:** **a)** Herr Koch findet rodeln toll.
**b)** Katharina findet rodeln nicht gut.

**Aufgabe 3:** Katharina begründet ihre Behauptung, Rodeln sei in ihren Augen nicht gut, mit einem Beispiel (zu wenige Schlitten, beim Warten wird einem kalt). Herr Koch liefert keine Begründung für seine Meinung.

**Aufgabe 4:** **a)** Behauptung; **b)** Argument; **c)** Argument; **d)** Behauptung; **e)** Argument

**Aufgabe 5:** Mögliche Lösungen:

**a)** Fahrrad fahren ist gesund, weil es Bewegung an der frischen Luft ist.
**b)** Ein sauberes Zimmer ist wichtig, denn man fühlt sich darin wohler, wenn man z.B. saubere Bettwäsche hat.
**c)** Ordentliche Heftführung ist wichtig, weil man dadurch einen besseren Überblick über ein Thema bekommt. Wenn man z.B. für eine Arbeit lernt und im Heft ist etwas ordentlich aufgeschrieben, kann man es sich einfacher und bildlicher merken.
**d)** Piercings sind total trendy, denn fast alle Popkünstler tragen im Moment ein Piercing, denn es unterstreicht die eigene Persönlichkeit. Mit meinem Piercing fühle ich mich cool.
**e)** Fernsehen macht schlau, weil man sich Wissen zu aktuellen Themen aneignen kann. Die Nachrichten geben täglich einen aktuellen politischen Überblick.

**2**

**Aufgabe 1:** Mögliche Lösungen:

⇨ Mit einem abgeschlossenen Schulabschluss kannst du dich beruflich besser weiterentwickeln. Wer einen Schulabschluss besitzt, hat durch diesen Abschluss gewisse Fähigkeiten erlernt. So beispielsweise die Rechtschreibung, die in bestimmten Bereichen beruflich von Bedeutung ist; man stelle sich einfach mal vor, ein Geschäftsbrief wäre mit zahlreichen Rechtschreibfehlern geschrieben.
⇨ Man verdient mehr Geld bei abgeschlossenem Schulabschluss. Im Vergleich zur ungelernten Kraft ist man allein durch einen erfolgreichen Schulabschluss im Berufsleben schon höher qualifiziert und deshalb auch besser bezahlt.
⇨ Mit einem Schulabschluss kannst du eine Berufsausbildung beginnen. Der Abschluss ist Voraussetzung zur Ausbildung. Die Berufsschulen nehmen z.B. nur Jugendliche mit Schulabschluss, um KFZ-Mechatroniker auszubilden.
⇨ Ein Schulabschluss bringt soziales Ansehen, weil viele Menschen nach ihrer Ausbildung beurteilt werden. Bei einem Vorstellungsgespräch wird man nach dem Abschluss gefragt und meist auch danach beurteilt.

**Aufgabe 2:** Mögliche Lösung:

Ein Schulabschluss ist wichtig!

Die Grundschule hat mir ja noch einigermaßen Spaß gemacht – aber seit der fünften Klasse hat mein Interesse an der Schule doch erheblich nachgelassen. Ich glaube, das liegt an den vielen coolen und interessanten Tätigkeiten, die es gibt – und das Lernen für die Schule nimmt mir viel Zeit für schöne Dinge. Ich habe aber inzwischen eingesehen, dass ein Schulabschluss sehr wichtig ist.
Viele Menschen beurteilen einen anderen nach seiner Ausbildung. Ein guter Schulabschluss z.B. ist sehr oft entscheidend für ein erfolgreiches Vorstellungsgespräch. Oft ist das Ansehen mit einem qualifizierten Abschluss bedeutend höher. Schon die einfache berufliche Weiterentwicklung ist nur mit einem Abschluss möglich. Ich kann die Fähigkeiten und Fertigkeiten, die ich erworben habe, einsetzen. So z.B. ist die Rechtschreibung in bestimmten Berufsfeldern sehr wichtig. Ein Geschäftsbrief mit vielen Rechtschreibfehlern ist undenkbar. Ebenso ist ein Schulabschluss die Voraussetzung für eine Berufsausbildung. Ohne Abschluss habe ich keine Chance, eine Lehrstelle zu bekommen und an der Berufsschule angenommen zu werden. Besonders wichtig aber erscheinen mir die ungleich höheren Verdienstmöglichkeiten bei einer abgeschlossenen Schulbildung. Im Vergleich zur ungelernten Kraft bin ich höher qualifiziert und verdiene bedeutend besser. Mit zunehmendem Alter habe ich dann auch noch die Möglichkeit mehr zu verdienen.
„Nicht für die Schule, für das Leben lernst du!“ Diesen Lieblingssatz meines Lehrers und auch meiner Eltern habe ich nie wirklich gemocht – aber ich muss zugeben, dass er zutrifft.

**Aufgabe 3:** Individuelle Lösungen.

# 9 Die Lösungen

**3**

**Aufgabe 1:** Individuelle Lösungen.

**Aufgabe 2:**
**a)** <u>Mögliche Antwort</u>: Eine Schuluniform zeigt, dass ich einer Gemeinschaft angehöre. Das unterstützt mein Zusammengehörigkeitsgefühl und macht mich selbstbewusster.
**b)** <u>Mögliche Antwort</u>: Ich bin kein Einzelgänger und brauche zum Reden und Austauschen meine Freunde. Gleiche Kleidung unterstützt mein Zusammengehörigkeitsgefühl.

**Aufgabe 4:**
**a)**
- In der Gruppe kann ich viel erleben.
  Ich liebe Musik und kann mit meinen Schulfreunden über Musik sprechen und Musik machen.
- Probleme will ich nicht alleine lösen.
  Als meine Freundin mich verlassen hat, haben mir meine Freunde bei meinem Liebeskummer geholfen und mich abgelenkt.
- Ich möchte anderen Menschen zeigen, wo ich hingehöre, und meine Schuluniform zeigt das.
  Wenn ich im Supermarkt einkaufen gehe, freue ich mich, wenn mich jemand fragt: „Wie gefällt es dir denn an der Steinschule?".

**b)**
- Ich möchte nicht in derselben Kleidung herumlaufen wie alle anderen.
  Ich bin jemand mit eigenen Ideen und Wünschen und möchte mich deswegen von anderen auch äußerlich unterscheiden.
- Ich möchte mich für meine Kleidung selbst frei entscheiden können.
  Ich habe meinen eigenen Kleidungsstil und will nicht vorgeschrieben bekommen, was ich anziehen muss.
- Uniformen erinnern mich immer an Soldaten, die Befehle ausführen.
  Ich lehne jede Form der Gewalt ab und möchte daher kein uniformierter Mensch sein, der z.B. wie ein Soldat auf Menschen schießen muss.

**Aufgabe 5:** Individuelle Lösungen.

**Aufgabe 8:**
<u>Dafür</u>: Identifikation mit der Schule
<u>Dagegen</u>: Einschränkung der Freiheit

**Aufgabe 9:**
**a)**
- Identifikation mit der Klasse, Zusammengehörigkeit
- *Corporate Identity* gut, Stärkung des Gemeinschaftsgefühls durch gleiche Kleidung
- Uniformierung als Beitrag gegen Diskriminierung, Mobbing, Neid: Mobben wegen unmoderner Kleidung, Neid auf tolle Kleidung nicht möglich
- Wegen derselben Uniform soziale Herkunft an Kleidung nicht erkennbar.

**b)**
- Krawatten, Hemden, gebügelte Hosen spießig, da keine Jugendkultur
- Einschränkung der Freiheit, da Kleidung vorgeschrieben
- Förderung der spezifischen Geschlechterrollen, da gleiche Kleidung für Mädchen und Jungen
- Kosten, die auch sozial Schwächere tragen müssen
- Charakter des Menschen zählt, nicht das Äußere

**Aufgabe 10:** Individuelle Lösungen.

**Aufgabe 11:**
<u>Pro-Schuluniform</u>: Schicke Kleidung erhöht die Aufmerksamkeit anderer, weil Kleider Leute machen. Ich werde immer bewundernd angeschaut, wenn ich einkaufen gehe oder ins Kino gehe. Hosen und Röcke sind traditionelle Kleidung für Jungen und Mädchen und unterstreichen die Geschlechterspezifizierung. Eine Uniform erhält diese Tradition.

<u>Contra-Schuluniform</u>: Die Uniformfarben blau, grau und schwarz sind traurige Farben, da sie dunkel und eintönig sind. Bunte Farben unterstützen Lebensfreude und Spaß am Lernen.

**3** **Aufgabe 12:** Mögliche Lösung:

**Schuluniform – eine Möglichkeit für unsere Schule?**

Durch seinen Beruf bereist mein Vater viele Länder und Kontinente. Er hat mir schon viel über die Schuluniformen in Thailand und China erzählt. Seine Erzählungen und Fotos, die er gemacht hat, haben mich fasziniert. Auch durch unsere Schule weiß ich, dass Schülerinnen und Schüler in anderen Ländern Uniformen tragen müssen. Im Englischunterricht haben wir gerade viel über die Uniformen der englischen Kinder gehört. Ich habe mir inzwischen die Frage gestellt ob eine Uniform nicht auch etwas für unsere Schule wäre. Aus meiner Sicht gibt es Argumente, die dafür und dagegen sprechen.
Da ich meine Schule und ganz besonders natürlich meine Klasse sehr mag, kann ich mir eine gemeinsame Schuluniform gut vorstellen. Ich möchte mich mit meiner Schule und vor allen Dingen mit meinen Klassenkameraden identifizieren. Es tut gut zu sehen, dass wir zusammen gehören. Der aktuelle Begriff Corporate Identity passt zu meinen aktuellen Überlegungen: Eine Uniform unterstreicht ein gemeinsames Leitbild und gemeinsame Ziele und stärkt das gemeinsame Denken und Lernen. Gleiche Kleidung ist ein sehr guter Beitrag gegen Diskriminierung, Mobbing und Neid. Da eine soziale Herkunft nicht erkennbar ist, kann niemand diskriminiert werden. Mobben einzelner Schülerinnen und Schüler wegen unmoderner Kleidung entfällt ebenso wie Neid auf tolle Kleidung. Durch die Lektüre „Kleider machen Leute", die wir im Deutschunterricht gelesen haben, kann ich mir gut vorstellen, dass wir von Menschen bewundert werden wegen unseres gepflegten Äußeren. Ich finde es außerdem modisch und schön, dass Mädchen wieder Röcke tragen.
Es gibt aber auch Argumente, die gegen die Einführung von Schuluniformen sprechen. Krawatten, Hemden und gebügelte Hosen sind spießig und passen nicht zum Kleidungsstil von Jugendlichen. Außerdem werde ich von meinen Eltern und natürlich auch in der Schule auf die Entwicklung von Selbstständigkeit hingewiesen. Und jetzt soll ich plötzlich vorgeschriebene Kleidung tragen? Ich möchte mich selber entscheiden und in meiner Meinungsfreiheit nicht beschnitten werden. Aktuelle Begriffe wie Gleichberechtigung, Gleichstellung und Emanzipation sind Inhalte von Diskussionen und Unterricht – und plötzlich soll es unterschiedliche Uniformen für Mädchen und Jungen geben? Das passt nicht zusammen. Ebenso passt es nicht zusammen, dass die Kosten einer Uniform von allen gleich getragen werden müssen. Finanziell schwach gestellte Familien können sich diese Kosten nicht leisten, weil sie das tägliche Leben finanzieren müssen. Für mich ist ein weiteres Argument wichtig, das gegen die Einführung von Schuluniformen spricht: Innere Werte und Charakter machen einen Menschen aus, äußere Merkmale wie z. B. Kleidung können einfach keine entscheidende Bedeutung haben. Ich habe viele Schuluniformen auf Fotos gesehen, die traurigen Farben blau, grau und schwarz sind mir sehr aufgefallen. Ich habe den Eindruck gewonnen, dass bunte Farben, die Spaß und beim Lernen Freude machen, bei der Auswahl von Uniformen leider kaum eine Bedeutung haben.

**4** **Aufgabe 1:** Individuelle Lösungen.

**Aufgabe 2:** Individuelle Lösungen.

**Aufgabe 3:** Individuelle Lösungen.

**Aufgabe 4:** Pro PC:
- durch Wireless LAN und Bluetooth ist Internetempfang fast überall möglich
- Kommunikation per Email, im Chat, auf Flirtlines, bei Singletreffs, sozialen Netzwerken etc. ist so gut wie immer und überall möglich
- Abfragen und Senden von Informationen und Daten
- Kommunikation mit Banken und Geschäften
- Netzwerkspiele
- Speichern von Informationen und Daten
- Erstellung, Visualisierung, Drucken von Präsentationen, Berichten, Briefen, Büchern, etc.
- Erstellen und Bearbeiten von Collagen, Montagen, Bildern

Contra PC:
- Anonyme Kontaktaufnahme im Internet
- soziale Vereinsamung durch Kommunikation mit sich selbst, mit virtuellen Spielen und Spielen mit sich selbst
- Datenklau durch Fremdeingriffe ins Netz
- Gläserner Mensch durch Fremdeingriffe ins Netz
- illegale Datenbeschaffung und Datenaustausch
- traditionelle Formen der Kommunikation verlieren an Bedeutung

KOHL VERLAG Der Verlag mit dem Baum www.kohlverlag.de
Pro/Contra – Die Erörterung
Praxis Deutsch Sekundarstufe - Bestell-Nr. 10 902

- traditionelle Medien wie Buch, Radio, Zeitung haben keine Chance gegen die digitale Konkurrenz
- persönlicher Kontakt verliert an Bedeutung
- Viren zerstören Hard- und Software
- gesundheitliche Fehlentwicklungen durch stundenlanges Sitzen und Augenkontakt mit einem flimmerndem Monitor

**Aufgabe 5:** Lösung siehe Seite 28!

**Aufgabe 6:** Pro Musik hören:

• Kinder sollten ausprobieren, welche Musik sie beim Lernen unterstützt und nicht ablenkt.
• Leise Musik lenkt nicht ab, da schöne Klänge angenehm sind.
• Hören von Lieblingsmusik fördert die Motivation, entspannt und sorgt für gute Laune.
• Kindern, die gerne Musik hören, kann das Hören von Musik nicht verboten werden.
• Musik wirkt auf die rechte Gehirnhälfte und optimiert die Zusammenarbeit mit der linken, die für Sprache und Arbeiten zuständig ist.

Contra Musik hören:

• Musik hören lenkt ab, da auf die Musik geachtet wird.
• Das Entwickeln von neuen Gedanken während des Musikhörens ist nicht möglich.
• Laute Musik führt zu Fehlern.
• Konzentriertes Lernen ist nicht möglich.
• Musik verhindert das Auswendig lernen.
• Laute und aggressive Musik macht den Hörer ebenfalls aggressiv.

**Aufgabe 7:** Lösung siehe Seite 29!

## 5

**Aufgabe 1:**

• Überleitungssatz von den Argumenten zum Schlussteil
• Formulieren der eigenen Meinung
• Begründen der eigenen Meinung
• Abschlusssatz

**Aufgabe 3:** Mögliche Lösung:

Nach dem Abwägen aller Überlegungen bin ich für mich zu einem klaren Schluss gekommen. Natürlich schätze ich den PC und nutze auch seine Vorteile. Ich bin aber trotzdem der Ansicht, dass der PC eher einen Fluch darstellt. Für mich sind dabei zwei Gründe ausschlaggebend. Auf der einen Seite habe ich selber die Erfahrung gemacht, dass ich trotz aller Vorsätze stundenlang vor dem PC sitze und dadurch viel zu wenig Zeit mit Freunden und mit anderen Menschen zusammen verbringe. Ich ärgere mich immer wieder über mich selber, wenn ich mal wieder einen Chatroom einem Treffen im Jugendraum vorgezogen habe. Auf der anderen Seite bin ich immer wieder negativ beeindruckt von den Möglichkeiten des Missbrauchs der digitalen Welt und den kriminellen Machenschaften, die sich entwickelt haben. Als Beispiele möchte ich nur die Verbreitung von Viren, Austausch von pornografischem Material und anonyme Kontaktaufnahme mit fremden Personen, die einem schaden wollen, nennen. Das sind für mich klare Zeichen für den Fluch, den dieses Medium verbreitet.

**Aufgabe 5:** Mögliche Lösung:

Zusammenfassend bin ich der Überzeugung, dass jeder selbst ausprobieren sollte, was für ihn das Beste ist. Ich weiß für mich, dass leises Hören meiner Lieblingsmusik mich beim Lernen unterstützt und zu guten Ergebnissen führt. Die Betonung liegt für mich auf dem Wort „leise". Erst gestern habe ich einen gelungenen Englischaufsatz mit leiser Hintergrundmusik meiner Lieblingsgruppe verfasst.

## 6

**Aufgabe 1:** Individuelle Lösungen.

**Aufgabe 2:** Individuelle Lösungen.

**Aufgabe 3:** Individuelle Lösungen.



KOHL VERLAG Der Verlag mit dem Baum www.kohlverlag.de
Pro/Contra – Die Erörterung - Bestell-Nr. 10 902
Praxis Deutsch Sekundarstufe

# 9 Die Lösungen

**7**

**Aufgabe 1:**
- Handballjugend sucht neue Mitglieder
- als Spieler bzw. Auswechselspieler
- erfolgreiches Team
- Training zweimal die Woche
- Wettkämpfe
- großer Zusammenhalt, es wird gemeinsam gefeiert und es werden gemeinsame Ausflüge veranstaltet
- Verbesserung der Vereinskasse durch Kaffee- und Kuchenverkäufe
- alle machen da mit

**Aufgabe 2:** Die Handballjugend sucht neue Mitglieder, denn Sport ist im Verein am schönsten.

**Aufgabe 3:** Sport ist im Verein am schönsten.

**Aufgabe 4:** Sport im Verein macht keinen Spaß, da muss man sich nur nach den anderen richten.

**Aufgabe 5:**

Pro:
- Sport im Verein bringt neue Freunde, denn man lernt neue Leute kennen bzw. andere neue Spieler.
- Sport im Verein ist gesünder als alleine Sport zu betreiben, denn man wird von den anderen mitgerissen und motiviert, weil z.B. keiner aufgeben will.

Contra:
- Sport im Verein bringt nur Verpflichtungen, da man immer bei allen Terminen dabei sein muss. So hat man nie die Möglichkeit, über seine Freizeit alleine zu entscheiden.
- Sport im Verein bringt sportlich nicht viel, da man sich dem Tempo der Mannschaftskollegen anpassen muss. Ist man sportlicher, wird man von den anderen immer auf deren Tempo gebremst.

**Aufgabe 6:** Individuelle Lösungen.

**Aufgabe 7:** Individuelle Lösungen.

**Aufgabe 9:** Individuelle Lösungen.

**Aufgabe 10:** Individuelle Lösungen.

**Aufgabe 11:** Individuelle Lösungen.

**Aufgabe 12:** Individuelle Lösungen.

**Aufgabe 13:** Individuelle Lösungen.